빛깔있는 책들 204-2

볼링

글/허일웅 ●사진/주종설

대원사

허일웅 ─────────────

명지대학교 체육학과를 졸업했으며 체육학 석사학위를 받았다. 명지대학교 체육학과 교수이며 KBS 라디오 체조 강사, 대한체육회코치아카데미 강사로 있다.
「도해 볼링의 비결」을 냈다.

주종설 ─────────────

중앙대학교 사진학과를 졸업했다. 대우 기획조정실에서 여덟 해 동안 사진일을 맡아 했다. 현재 스튜디오를 운영하고 있다.

볼링

사진으로 보는 볼링

볼링은 정신적인 피로를 해결해 줄 수 있는 적절한 운동으로서 운동량이 적은 도시인들에
게 많은 사랑을 받고 있다. (왼쪽)
볼링에 필요한 여러 가지 도구들. (오른쪽)

볼링을 하기 전에 스트레칭으로 몸의 근육을 신장시키면 더 즐겁게 볼링을 즐길 수 있다.

의자에 앉아 발목을 부드럽게 돌려 준다.

다리를 움직이며 다리 근육을 신장시킨다. (왼쪽)
의자를 잡고 한쪽 발로 서서 다른쪽 발끝을 손으로 잡아 끌어올린다. (오른쪽)

공은 레인, 핀과 함께 볼링의 세 가지 요소에 든다. 레인이나 핀과는 달리 공은 볼링장에 준비된 것말고도 사람에 따라 다르게 선택할 수 있다.

공의 선택은 볼링을 하는 데 아주 중요하므로 자신의 체격과 손에 꼭 맞는 것을 선택해야
한다.

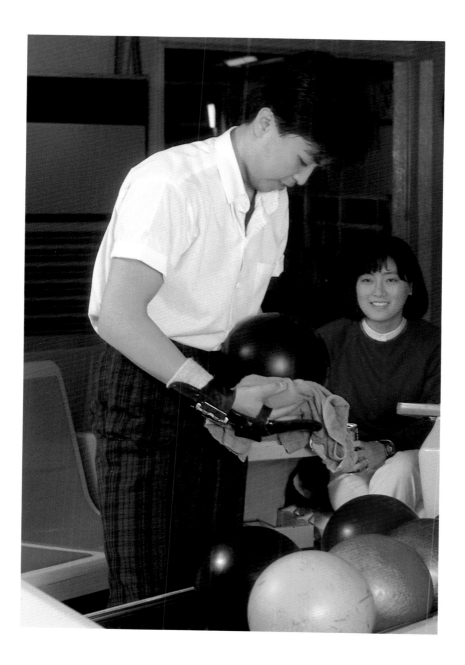

그립 공을 잡는 것을 그립이라고 한다. 그립은 첫째와 셋째, 넷째손가락의 거리에 따라 세 가지로 구별된다.

컨벤셔널 그립   셋째와 넷째손가락이 두번째 관절까지 들어간 것이다.

세미 핑거 그립 손가락이 첫번째 관절과 두번째 관절 중간쯤 들어간 것이다.
새끼손가락을 꺾어서 손톱을 공의 표면에 대면 다른 손가락에 무리가 가지 않도록 쿠션 역할을 한다. 그러나 초보자는 다칠 염려가 있으므로 어느 정도 수준에 도달하기 전까지는 사용하지 않는 것이 좋다.

레인은 세계적으로 공통된 규격에 의해 만들어진다. 레인 양쪽에 홈이 파여 있으며 파울 라인을 경계로 하여 어프로치와 앨리베드, 피트로 나뉜다.

볼링에 능숙해지기 위해서는 자신에게 맞는 구질을 빨리 발견해야 한다. 구질의 변화는 공을 잡는 방법, 몸의 방향, 공을 놓는 순간의 손가락의 위치에 따라 결정된다.

손을 닦고 공을 잡는다. 호흡을 가다듬고 어프로치에 설 준비를 한다.

어프로치에 서서 목표물을 주시한다.

백 스윙 (왼쪽, 오른쪽)

릴리이스 (왼쪽)
플로우 드로우 (오른쪽)

어드레스부터 플로우 드로우까지의 전동작이 진자 운동처럼 자연스럽게 진행되어야 한다.
(앞)
공 한 개로 열 개의 핀을 한꺼번에 쓰러뜨릴 때 느끼는 쾌감은 볼링에서만 맛볼 수 있는 하나의 즐거움이다.

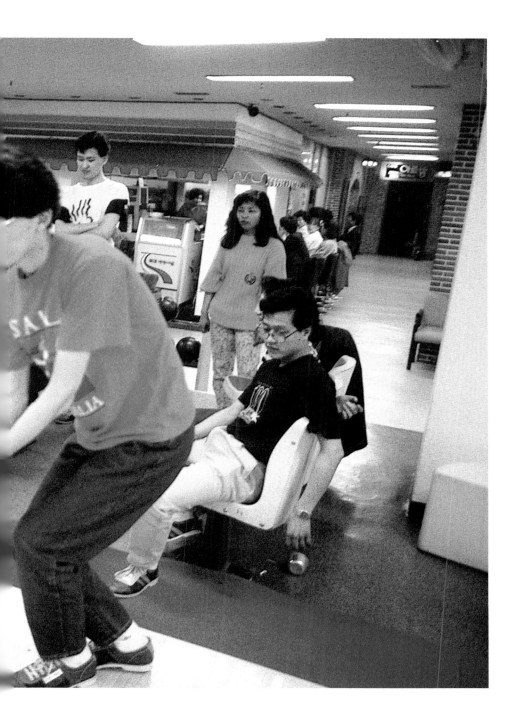

볼링은 남녀노소 누구나 즐길 수 있는 가족적인 스포츠로 각광
받고 있다. (앞)
마샬 홀먼. 해마다 꾸준한 상금 수입으로 최고의 자리에서 내려올
줄 모르는 미국의 프로 볼링 선수이다.

월터 레이 윌리암스 2세(왼쪽)
로리 니콜 (오른쪽)

얼 안소니 (왼쪽)
마크 로스 (오른쪽)

볼링

볼링의 역사

　일정한 거리에서 자기에게 맞는 무게의 공을 굴려 열 개의 곤봉을 넘어뜨리는 운동인 볼링의 역사는 지금부터 칠천 년 전인 고대에까지 거슬러 올라간다.

　그것은 런던 대학의 프란나스 페트리 교수가 기원전 5200년쯤의 것으로 추정되는 이집트 어린이의 무덤을 발굴하였을 때, 지금의 볼링과 비슷한 대리석 볼과 핀이 나온 것으로 보아 추측할 수 있다. 그 당시 이집트에서는 죽은 사람이 좋아하던 물건을 무덤에 함께 묻는 풍습이 있었기 때문에 그 어린이가 생전에 볼링과 비슷한 게임을 즐겼던 것으로 추측하고 있다. 이것은 고대 볼링의 원형으로 보인다.

고대와 중세의 볼링

　그 당시에는 아홉 개의 돌을 세워 놓고 두 조각의 대리석 아치형 통로를 이용하여 이 돌을 넘어뜨리도록 했던 것같다. 기원전 200년쯤의 유럽에서는 직사각형의 코트에서 90 센티미터쯤 되는 핀을 세 줄로 아홉 개를 세워 놓은 다음 이것을 나무뿌리로 만든 공으로 넘어뜨렸던 게임도 있었다고 하며, 잔디 볼링장의 역사는 고대 로마 그리스 시대의 도기류에 그려져 있는 것을 보고 추측할 수 있다.

그 뒤로 중세 유럽에서는 '게게루 넘어뜨리기'라는 것이 있었는데 이것은 곤봉을 세워 놓고 그것에 둥근 물체를 굴려 넘어뜨리는 것이었다. 이 곤봉을 게게루라고 불렀으며 이것을 악마라고 생각하여 게게루를 많이 넘어뜨리는 사람이 신앙심이 두터운 사람이라고 믿었던 것같다. 그런데 이 게게루 넘어뜨리기를 해 보니 굉장히 재미있어 신자뿐만이 아니라 신자가 아닌 사람도 즐기게 되었다. 그리고 교회 안에서 하던 것을 점차 교회 밖으로 가지고 나가 게게루 넘어뜨리기는 실외 스포츠로 자리잡게 되었다. 신을 받드는 수도자들의 신앙심을 공을 굴려 시험했는가 하면 원정을 앞둔 장군이나 귀족이 이 경기로 무운을 점치기도 했다. 곤봉 곧 게게루는 지금도 볼링과 같은 뜻의 말로 쓰이고 있으며 볼링이라는 말도 이 게게루라는 단어에서 나왔다고 한다.

지금의 볼링과 같은 형식의 게임은 16 세기에 독일에서 아홉 개의 핀을 다이아몬드형으로 배치하여 행한 '게겔슈필'(독일어로 아홉 개의 핀이라는 뜻) 또는 '나인핀즈'에서 시작된 것이다. 집 밖에서 게임을 즐기는 나인핀즈는 독일에서부터 프랑스, 스위스, 네덜란드로 퍼져 나가 볼링의 원류가 되었다.

근대와 현대의 볼링

유럽 각지에서 유행하던 나인핀즈가 네덜란드로부터 대서양을 건너 미국에 전해지게 되자 이것은 개척민들의 좋은 오락거리가 되었다. 그러나 19 세기 초부터 이 게임으로 돈을 버는 도박이 크게 유행하자 1841년 뉴욕주에서는 나인핀즈를 법으로 금지하였다. 그러나 시민들은 얼마 후에 핀을 한 개 추가해 열 개로 하고 핀의 배열을 다이아몬드형에서 오늘날과 같은 삼각형으로 바꿈으로써 이 법망을 피하였다. 그러다가 1890년 영국 웨일즈와 빅토리아에 초대 볼링협회가 탄생되었고 1915년 미국에서는 잔디볼링협회가 생겨났으며 1938년에는 국제볼링연맹이 조직됨으로써 현대 볼링 발전의 기수가 되었다.

1952년에는 자동식 핀 세터가 발명되어 볼링이 폭발적으로 퍼져나갔다. 같은 해에 볼링은 국제주기자연맹(FIQ)이라는 국제 조직이 창립되며 스포츠로 자리잡았다. 아마추어 볼링 선수들이 참가하는 경기 가운데에서 세계 선수권 대회인 FIQ 토너먼트가 가장 규모가 크며 해마다 각 가맹국에서 열리고 있다.

대표적인 아메리카 선수권의 ABC 토너먼트(전미국볼링협회 주최)는 1907년에 제1회 대회가 열렸으며 세계에서 가장 긴 역사를 가지고 있다. 해마다 2월 하순부터 5월 상순까지 주요 도시에서 열리는데 한 대회장에 2만5000 명에서 3만 명에 이르는 대표 선수가 참가하여 서로 기술을 겨룬다.

ABC 토너먼트는 대회 기간이나 참가 인원수에서 올림픽 대회보다 훨씬 규모가 크다.

프로 볼링 선수가 1000 명쯤 되는 미국에서는 프로 선수권 대회가 성행하고 있으며 그 가운데에서도 우승자에게 1만5000 달러를 상금으로 주는 BPAA 올스타 토너먼트(아메리카볼링경영자협회 주최)와 ABC 마스터로즈가 유명하다.

한국 볼링의 역사

1960년대 초 미군 기지에 20레인 볼링 경기장이 생긴 것을 시초로

해서 1967년에 워커힐 호텔 지하에 4레인 경기장이 생김으로써 우리 나라에서도 볼링을 즐기는 사람들이 생기기 시작했다. 그러나 국내 볼링이 점차 대중화된 시기는 1969년에 20레인의 코리아볼링센터 (KBC)가 생기고부터였다. 그 후 이곳은 1984년에 없어졌지만 1970년대 초부터 많은 경기장이 생기기 시작했다. 우리나라의 첫 자동 볼링장은 1972년에 생긴 한강볼링장이 1975년에 자동 볼링장으로 개장하면서부터이다. 한때 석유 파동으로 많은 경기장이 도산하기도 하였지만 1985년부터 볼링장의 수가 급격히 증가하여 현재는 92개소 1315레인쯤의 시설을 갖추고 있으며 볼링 인구는 200만 명쯤으로 추산된다. 볼링협회는 1969년 8월에 창립되었으며 1978년에 아시아볼링연맹에 가입했고 1979년에는 회원국으로 인준을 받았다. 공식적으로 국제대회에 참가하게 된 것은 제8회 아시안게임(1978년 12월, 태국 방콕) 때이다. 이 대회에서 우리나라는 개인종합 종목에서 안병구 선수가 금메달, 개인전에서 이성진 선수가 은메달, 남자 5인조전과 여자 5인조전에서 각각 동메달을 획득하였다. 한국에서 열린 제10회 아시아경기대회에서도 금메달 두 개, 동메달 두 개를 획득하였다.

볼링에 관심을 가진 사람들이 점차 늘어나면서 볼링장의 설비와 운영에 과감한 투자를 하고 있는데 볼링은 이제 우리나라에서도 남녀노소 누구나 즐길 수 있는 가족적인 스포츠로 각광을 받고 있다.

볼링의 기초 지식

대부분의 다른 스포츠와 마찬가지로 볼링도 그것을 즐길 수 있는 공간과 도구들이 필요하다. 볼링장에는 국제적으로 표준화된 레인이 있으며 그 레인 위를 역시 표준화된 공이 굴러가 레인 끝의 핀을 쓰러뜨린다.

볼링을 실제로 시작하기 전에 볼링에 필요한 레인, 공, 핀에 관한 기초 지식을 알아 두면 더욱 즐겁게 볼링을 즐길 수 있을 것이다.

볼링장의 구조와 볼링 도구

볼링의 세 요소는 레인, 공, 핀이다. 볼링장의 구조와 볼링할 때 갖출 옷과 신 따위를 알아보자

레인

레인이란 공을 굴리는 마룻바닥을 말한다. 이것은 세계적으로 공통된 규격에 의해 만들어지는데 레인 양쪽에 홈이 파져 있으며 파울라인을 경계로 하여 앞쪽에 어프로치와 앨리베드, 맨 끝쪽에 핀덱이

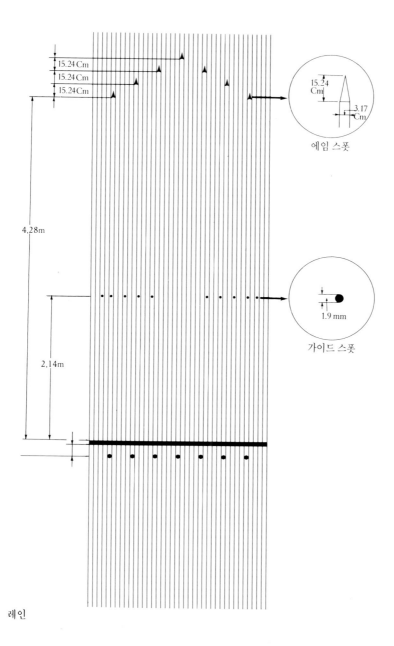

15.24 Cm
15.24 Cm
15.24 Cm

4.28m

2.14m

에임 스폿

15.24 Cm

3.17 Cm

가이드 스폿

1.9 mm

레인

있고 그 뒷부분은 피트로 되어 있다.

레인을 만드는 나무는 견고성, 탄력성, 내구성이 높아야 한다. 레인의 표면은 특수한 라카로 칠하는데 아주 매끄럽고 편편해야 하며 조금이라도 울퉁불퉁한 곳이 있어서는 안 된다. 레인의 상태가 어떠한가를 정확히 알려면 공을 굴려 보면 된다. 같은 위치, 같은 공으로 굴렸을 때 공이 잘 구부러져 브루클린으로라도 가게 되면 늦은 레인이고 반대로 공이 구부러지지 않고 미끄러지면 빠른 레인이다. 이럴 경우, 늦은 레인일 때에는 서는 위치를 왼쪽으로 약간 움직이고 빠른 레인일 때에는 서는 위치를 오른쪽으로 약간 움직이는 것이 좋다. 레인의 상태를 파악하는 것, 그것이 바로 능숙한 볼링경기자가 되는 열쇠이다.

어프로치 공을 던질 때 서 있는 곳으로서 파울 라인 전까지의 바닥이다.

앨리베드 실제로 공이 굴러가는 바닥으로 레인의 주체가 되는 부분이다.

앨리베드 위에는 파울 라인 앞쪽에 좌우로 다섯 개씩 둥근 표시가 있고 또 그 앞쪽에 일곱 개의 쐐기형 표시가 있다. 핀의 위치와 평행하게 만들어진 일곱 개의 표시로 핀을 겨냥한다. 이 두 개를 합쳐 에임 스폿이라고 부르는데 이것을 이용해서 공이 굴러갈 방향을 정확하게 판단해야 한다.

파울 라인 서 있는 곳과 공이 굴러가는 곳의 경계선이다.

핀덱 핀을 세워 놓는 곳으로서 핀의 위치를 언제나 일정하게 하기 위한 표시가 있다.

피트 공과 핀이 굴러 떨어지도록 낮게 만들어진 곳으로 뒤쪽에 공의 충격을 막기 위해 쿠션 장치가 되어 있다. 피트에 떨어진 핀은 세팅 머신에 의해 다시 정돈되어 핀덱에 표시된 곳에 세워진다.

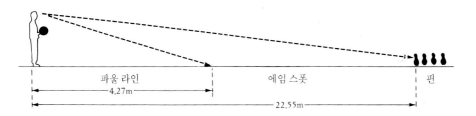

핀

핀도 세계적으로 공통된 규격이 있다. 핀 한 개의 무게는 1.3 킬로그램 이상 1.64 킬로그램 이내이며, 높이는 38.1 센티미터, 가느다란 목 부분은 지름이 4.6 센티미터, 공이 닿는 불룩한 부분은 지름이 12.1 센티미터이다.

핀을 만드는 과정을 보면 우선 나무를 길쭉한 팔각형으로 잘라 맞추는데 공의 충격에 잘 견뎌낼 수 있도록 특수한 조립법으로 짜맞춘다. 이것을 접착제로 붙인 다음 둘레를 둥글게 깎고 샌드페이퍼로 닦아 열두 번에 걸쳐 플라스틱 막을 칠하면서 건조시킨다. 이 때 건조도가 6 퍼센트에서 12 퍼센트 사이가 아니면 규격에 어긋난다.

핀은 정삼각형의 바닥에 열 개가 30.48 센티미터의 간격으로 놓인다. 핀마다 따로 번호가 매겨지므로 핀의 배열과 번호를 알아 두는 것이 좋다.

공

공, 레인, 핀은 볼링의 세 요소이다. 레인이나 핀과는 달리 공은 볼링장에 준비된 것말고도 사람에 따라 다르게 선택할 수 있다. 공의

핀의 크기와 레인 위에서의 위치

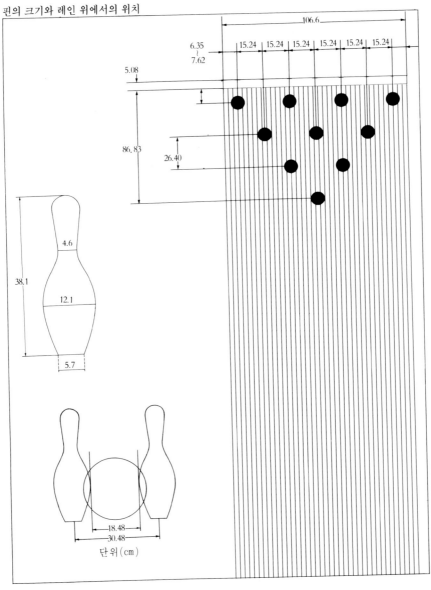

단위(cm)

선택은 볼링을 하는 데 아주 중요하므로 자신의 체격과 손에 꼭 맞는 것을 선택해야 한다.

에보나이트나 플라스틱으로 만든 공을 사용하며 금속성으로 만든 것은 금지되어 있다.

공의 중심은 코르크를 고무로 뭉친 것을 사용하고 있다. 공의 둘레는 국제 규격으로 69 센티미터로 통일되어 있으며, 무게는 어린이용인 8 파운드(3.63 킬로그램)부터 16 파운드(7.26 킬로그램)까지 있다. 공에는 구멍이 세 개 뚫려 있는데 여기에 첫째, 셋째, 넷째손가락을 넣어 꽉 쥔다. 그래서 공을 던졌을 때에 올바른 회전으로 구르도록 무게에 대한 밸런스를 규정하고 있다. 공의 머리 부분(구멍이 뚫려 있는 쪽으로 메이커와 마크가 새겨져 있다)과 바닥 부분과의 밸런스 차가 3 온스 (85.05 그램) 이내이어야 하며, 손가락 구멍의 좌우의 밸런스 차가 1 온스(28.34 그램) 이내, 손가락 구멍의 전후의 밸런스 차는 1 온스 이내이어야 한다.

복장

복장에 대해서는 특별한 규정이 없고 편안한 복장이면 된다. 다만 팀을 구성해서 경기에 출전하는 경우에는 전원이 똑같은 옷을 입는 것이 좋다.

그러나 볼링을 할 때에는 반드시 볼링 신으로 갈아 신어야 한다. 될 수 있으면 볼링장에 비치된 신보다는 자기 발에 맞는 전용 신발을 준비하는 것이 좋다. 바닥에 징이나 못 종류를 박지 못하게 되어 있으며, 부드러운 고무를 댄 것을 사용한다.

볼링의 매력과 볼링장에서의 예절

볼링의 매력

볼링은 스트레스 해소에 좋은 운동이다. 기분이 좋지 않을 때, 답답한 일이 있을 때 볼링장을 찾아가 핀을 쓰러뜨리다 보면 자신도 모르는 사이에 쌓인 긴장이 풀어지면서 경쾌한 기분이 된다. 볼링은 대중 스포츠로서 많은 도시인들에게서 나타나는 정신적인 피로를 해결해 줄 수 있는 적절한 운동이다.

볼링은 남녀노소 누구나 즐길 수 있는 운동이다. 볼링장에 가 보면 젊은 사람들만이 아니라 나이든 사람들도 많이 볼 수 있다. 이것은 볼링이 나이에 관계없이 누구나 즐길 수 있는 운동이라는 점을 말해 준다. 볼링장에는 공과 신이 준비되어 있으므로 볼링장에 갈 때 특별한 준비를 할 필요가 없다. 평소 복장대로 아무 때나 볼링장에 가면 누구든지 볼링을 즐길 수 있다.

볼링은 힘에 관계없이 높은 점수를 얻을 수 있는 운동이다. 볼링의 점수가 잘 나오고 못 나오는 것은 힘과는 전혀 관계가 없다. 점수를 높이는 데에 필요한 것은 핀을 어떻게 정확히 맞히는가 하는 기술이다. 공을 앞쪽으로 들어올린 다음 공의 무게를 이용하여 뒤쪽으로 올리고 그 진동력으로 공을 앞쪽으로 굴리면 되는 것이므로 힘이 필요하지 않다. 그러므로 힘에 자신이 없는 사람이나 여자들도 기술만 쌓으면 게임에서 이길 수가 있다.

볼링은 파괴 본능을 만족시킨다. 볼링은 인간의 파괴 본능을 만족시키는 운동이다. 공 하나로 열 개의 핀을 한꺼번에 쓰러뜨릴 때 느끼는 쾌감은 볼링에서만 느낄 수 있는 것이다

볼링장에서의 예절
첫째, 파울 라인을 밟지 않도록 주의해야 한다.

둘째, 레인에 올라설 때에는 반드시 볼링 신을 신어야 한다.

세째, 공은 일단 맨 처음 잡은 것을 계속 사용해야 하며 다른 사람의 공과 바뀌는 일이 있어서는 안 된다.

네째, 다른 사람이 투구하는 것을 보고 비평하는 것은 예의에 어긋난다.

다섯째, 투구 전에 소리를 질러서는 안 되며 투구한 공이 핀에 맞는 것을 보았으면 곧 되돌아와야 한다.

여섯째, 어프로치에 올라서서는 담배를 피우지 않는다.

일곱째, 어프로치 위에서 바로 옆사람이 투구의 자세를 하고 있으면 릴리이스할 때까지 모든 동작을 중지하고, 옆사람과 동시에 투구 자세가 되었을 때에는 오른쪽 사람에게 우선권을 준다.

여덟째, 게임은 경쾌하고 질서있게 그리고 재미있게 진행되어야 하므로 말이나 행동에 늘 주의한다.

아홉째, 상대가 표적을 맞추고 있을 때에 장난을 해서는 안 된다. 자기가 곤란한 스페어를 처리하기 위하여 정신 집중을 할 때를 생각해 보자.

열째, 공을 쥔 채 혹은 볼을 던진 다음 어프로치에 오래 서 있지 않는다.

볼링의 실제

볼링은 진자 운동을 이용한 운동이며 결코 힘으로 하는 운동이 아니다. 힘만으로 그 무거운 공을 굴려서 핀을 쓰러뜨린다면 이 운동을 즐길 수 있는 사람은 거의 없을 것이다. 공을 굴릴 수 있다 해도 쉽게 지쳐버리기 때문이다. 공을 들어 바닥에 놓을 때까지의 과정은 과학적으로 진행된다.

볼링을 할 때에 공을 손에 잡고 파울 라인으로 전진하여 핀을 겨냥하고 던지는 과정을 자세히 알아보자.

그립

공을 잡는 것을 그립이라고 하는데 그립에는 컨벤셔널 그립, 세미핑거 그립, 핑거 그립의 세 가지가 있다.

이 세 가지는 첫째와 셋째, 넷째손가락의 거리(스판)에 의해 구별된다. 스판이 가장 짧은 것, 곧 구멍 안에 셋째와 넷째손가락이 두번째 관절까지 들어간 것을 컨벤셔널 그립이라고 하고, 첫번째 관절과 두번째 관절 중간쯤 들어간 것을 세미 핑거 그립, 첫번째 관절까지만

들어간 것 곧 스판이 가장 긴 것을 핑거 또는 풀 핑거 그립이라 한다. 이 밖에 또 다른 종류의 그립으로 오프세트 그립, 카아리 그립이란 것이 있다.

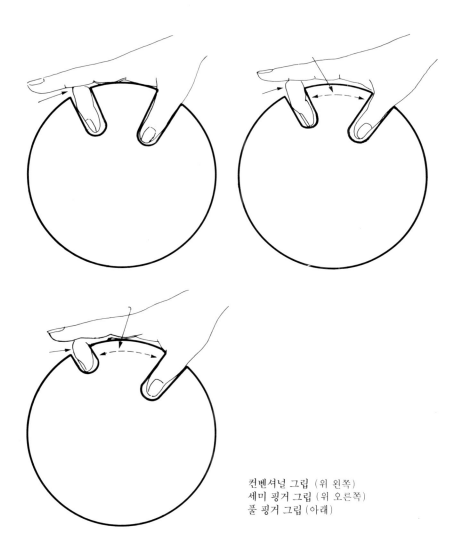

컨벤셔널 그립 (위 왼쪽)
세미 핑거 그립 (위 오른쪽)
풀 핑거 그립 (아래)

잡는 법

첫째, 왼손으로 공을 받치고 셋째, 넷째손가락을 첫번째와 두번째 관절의 중간까지 넣는다.(세미 핑거 그립일 때)

둘째, 엄지를 될 수 있는 한 깊게 엄지 구멍에 넣는다. 컨벤셔널 그립일 때에는 보통 엄지를 먼저 넣지만 다른 경우에는 공에 손가락이 걸리는 정도를 확인하고 엄지를 맨 나중에 넣도록 한다.

셋째, 손가락 세 개를 다 끼고 나서 새끼손가락을 꺾어서 손톱을 공의 표면에 댄다. 이것은 다른 손가락에 무리가 가지 않도록 쿠션 역할을 한다. 그러나 초보자는 다칠 염려가 있으므로 어느 정도 수준에 도달하기 전까지는 사용하지 않는다.

넷째, 이것으로 그립의 과정은 끝이 나고 어프로치의 동작으로 옮길 준비가 완료된다.

어프로치

어프로치(Approach)는 본래 '접근하다' 또는 '문제에 착수하다' 라는 뜻이다. 그러나 볼링에서 말하는 어프로치란 첫째 공을 던지기 위해 서 있는 바닥을 뜻하고, 둘째 그 바닥 위에서 공을 들고 파울 라인으로 전진해서 공을 던질 때까지의 모든 동작을 말한다.

어프로치는 매우 중요한 동작으로 볼링 결과의 70 퍼센트를 결정 짓는다고 볼 수 있다.

볼링은 파울 라인에서 18. 288 미터 떨어져 있는 열 개의 핀을 향해 공을 굴려 그 핀을 될 수 있는 대로 많이 쓰러뜨리면 되는 극히 단순한 게임이다. 그런데 그 단순한 일이 좀처럼 잘 되지 않는다. 던진 공이 무정하게도 홈으로 떨어지거나 '저 핀을 맞추겠다'고 던진 공이 생각지도 않은 방향으로 굴러가기도 한다. 따라서 볼링을 시작하고 좀 있으면 그것이 결코 단순한 것이 아니라는 것을 알게 된다.

볼링을 처음 하는 사람이 어프로치에 서면 우선 눈만 목표물로 쏠리고, 자기의 스텝 같은 것은 생각하지도 않게 되어 자기 자신을 조정할 수 없게 된다. 어프로치에서 지켜야 할 일은 볼링에서 가장 중요하고도 기본적인 것이므로 잊지 말아야 한다.

어프로치에서 해야 할 일은 첫째, 스텝 한 걸음 한 걸음이 파울 라인을 향해 똑바로 가야 한다는 것이다. 똑바로 향하면 어깨선이 파울 라인과 평행이 되어 볼링하는 사람이 뜻한 대로 공이 부드럽게 구른다. 둘째, 공을 굴릴 때 힘을 주어서는 안 된다. 리듬과 균형과 타이밍이 적당하냐에 따라 볼링의 성패가 결정되므로 몸에 지나치게 힘을 주면 몸을 잘 조정할 수 없게 되어 균형이 깨지고, 공의 행방은 공에게 물어 보라는 꼴이 되고 만다. 세째, 어프로치를 할 때에는 달리지 말고 천천히 걸어야 한다. 이렇게 말하면 '달리는 사람이 누가 있느냐'고 반박할 사람이 있을 것이다. 그러나 그렇게 말하는 사람일수록 자기의 지금까지의 스텝 속도를 반으로 늦추어 보면 놀랄 만큼 공이 부드럽게 나가는 것을 느낄 것이다. '똑바로, 힘을 빼고, 천천히 걷는다.' 어프로치를 하기 전에 머리에 새기고 몸으로 실천해서 익히도록 해야 할 말이다.

어드레스

볼링에서 어드레스(또는 스탠스)는 어프로치에서 발의 위치를 정한 다음 공을 받쳐들고 핀을 겨냥하는 자세를 말한다. 어드레스를 하는 자세는 사람들마다 모두 다르다. 핀을 노려보는 사람, 공을 가볍게 치켜 들고 '자, 어느 쪽으로 던질까?' 하고 생각하는 사람, 서는 위치가 일정하지 않고 어프로치에서 고개를 갸웃거리며 어물거리는

어프로치에 선다. 목표물을 겨냥하면서 올바른 스텝이 되도록 마음을 가다듬는다.

사람도 있다.

어드레스에서 우선 결정할 것은 자기가 설 위치이다. 공을 들지 말고 두세 번 걸어 본다. 그래서 마지막 왼발이 파울 라인을 넘고 있지는 않은지 또는 짧지는 않은지를 점검해 보는 것이 좋다. 점검이 끝나면 자기가 설 위치는 '이곳이다'하고 결정해 둔다. 위치가 결정되면 두 다리를 자연스럽게 모으고 똑바로 선다. 가슴을 지나치게 내밀거나 웅크리면 균형이 무너지므로 피하는 것이 좋다. 언제나 어깨의 힘은 빼고 팔은 겨드랑이에 딱 붙인 다음 몸을 약간 기울이는 자세로 첫걸음을 내디딜 수 있도록 한다. 공의 위치는 턱 밑에서 무릎까지의 범위에서 자기가 가장 편하다고 생각하는 곳에 고정시키는데 보통 오른팔이 직각으로 꺾어지는 곳에 둔다. 팔이 약한 사람은 좀더 팔을 구부려 공을 높게 잡으면 편하다.

스텝

공을 굴려서 핀을 쓰러뜨리는 것이 이 게임의 목표라면 특별한 동작 없이 파울 라인에서 직접 던져도 되지만 볼링 공은 무거워서 팔의 힘만으로 던진다는 것은 무리이다. 그래서 무거운 공을 부드럽게 던질 수 있도록 일정한 스텝을 거치게 된다.

스텝에는 4스텝, 5스텝, 3스텝이 있다. 5스텝은 발을 천천히 움직일 수 있기 때문에 투구 시간이 길어지게 되므로 부드럽고 기운찬 공을 던질 수 있다. 또 걸음 폭이 짧기 때문에 공의 안정감도 4스텝에 비해 크다. 그러나 보통 4스텝으로 많이 한다.

제1보(푸시 어웨이)
걸을 때에는 천천히 자연스럽게 걷는다. 오른발을 앞으로 내민다.

오른발로 체중의 중심을 이동시키면서 어드레스한 채로 있던 공을 앞으로 내밀어 던지는데 이 때까지 공을 받치고 있던 왼손을 공에서 뗀다. 되도록 팔을 쭉 뻗을 때까지 왼손을 공에 대고 있다가 떼는데 이것은 공이 코스에서 빗나가지 않게 하는데 도움을 주며 또 공에서 떼고 난 왼손은 몸의 균형을 잡아 준다.

제2보(다운 스윙)

몸의 체중이 오른쪽에서 왼쪽으로 이동된 상태에서 앞으로 나갔던 공이 발쪽으로 내려가는 동작이다. 무엇보다도 중요한 것은 스텝이다. 제1보째의 느낌을 이어받아 자연스럽게 걷는데 보폭은 다소 넓게 하는 것이 좋다.

다음은 오른쪽 어깨의 힘을 빼는 일이다. 억지로 힘을 주어서 공을 끌어내리는 것이 아니라 공의 무게로 팔을 내리는 것이기 때문이다. 공이 내려갈 때에는 오른쪽 무릎 옆을 아슬아슬하게 스치고 지나가야 한다. 이렇게 해야 겨드랑이와 옆구리에서 팔이 떨어져 나가지 않는다. 공이 내려가는 순간 왼손도 동시에 바깥 쪽으로 향하는데 그것은 몸의 균형을 잡기 위함이다.

제3보(백 스윙)

다운 스윙으로 내려온 공은 진자 운동에 의해 뒤쪽으로 올라가게 되는데 이럴 때에는 몸이 뒤쪽으로 쏠리게 되므로 상체를 서서히 숙이면서 중심을 앞으로 이동시켜 균형을 유지해야 한다. 팔은 어깨선까지 올라가는 것이 적당하다. 공을 높이 올리면 올릴수록 좋다고 생각하는 것은 잘못된 생각이다. 공이 높이 올라가면 올라갈 수록 불안정해진다. 볼링의 공은 무겁기 때문에 균형이 깨지면 그야말로 어떻게 할 도리가 없어져 다음 동작으로 이어지지 못하게 된다.

제4보(포워드 스윙과 슬라이드)

왼발이 앞으로 나오고 공이 내려온다. 이 때에 발은 미끄러지듯 내민다. 이 동작을 슬라이드라고 하는데 만일에 이렇게 하지 않고 그대로 '탁'하며 공을 던지면 앞으로 넘어지게 된다. 따라서 슬라이드의 목적은 공을 떨어뜨릴 때 체중을 두 발에 똑같이 나누어 주고 부드럽게 정지하기 위한 것이다.

릴리이스

슬라이드가 정점에 이르러 공이 손에서 떨어져 나가려고 할 때를 릴리이스라고 한다. 백 스윙에 있던 공이 똑바로 흔들려 내려와 진자 운동의 최하점, 곧 팔이 바닥에 대해 수직이 되는 곳에서 지금까지 쥐고 있던 공에서 첫째손가락, 셋째, 넷째손가락이 차례로 빠진다. 릴리이스에서 최초로 빠진 첫째손가락의 방향이 앞으로 공이 달리는 방향을 결정한다. 따라서 첫째손가락의 방향이 바깥쪽이나 안쪽을 향해서는 안 되며 똑바로 목표를 향해서 빼야 한다.

첫째손가락이 빠지는 위치는 슬라이드한 왼발이 파울 라인 직전에 왔을 때이고 왼발 복사뼈 근처에서 공이 떨어져 레인에 떨어져야 할 순간도 파울 라인 직전에 왔을 때이다. 공이 떨어지는 곳은 파울 라인에서 5 센티미터에서 10 센티미터 앞이 좋다.

플로우 드로우

어프로치에서 맨 마지막 행동으로 공이 손에서 완전히 떠난 다음에 일어나는 동작이 플로우 드로우이다. 어드레스에서 릴리이스까지 올바르게 계속 진행되었을 때 밸런스가 잡힌 플로우 드로우가 생긴다. 이미 공이 손에서 떠났는데 어떤 자세를 취하건 공에 무슨 변화가 생기겠느냐고 생각하는 사람이 있을지 모르나 어드레스에서 플로우 드로우까지의 자세는 하나의 리듬처럼 연결되어 있으므로 그런 생각은 잘못된 것이다. 플로우 드로우를 보고 그 사람의 실력을 재볼수 있을 정도이다. 이상적인 플로우 드로우는 공을 던지고 앞으로 나간 팔을 진자 운동에 따라 그대로 자연스럽게 올라가게 한 다음 부드럽게 마무리하는 것이다. 플로우 드로우가 잘 되지 않는 사람은 지금까지의 투구 자세에 문제가 있음을 뜻한다. 진자 운동에 따른 자연스럽고 똑바른 팔과 발의 움직임, 자기가 목표한 지점에서 끝까지 시선을 떼지 않는 것이 플로우 드로우에서 지켜야 할 점이다.

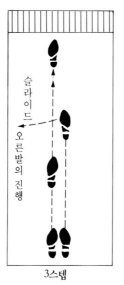

3스텝

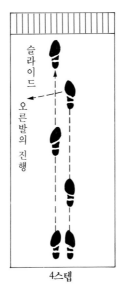

4스텝

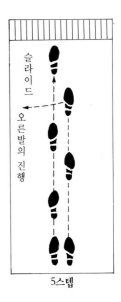

5스텝

어드레스 두 세번 걸어보고 자신이 설 위치를 정한 다음 두 다리를 자연스럽게 모으고 똑바로 선다. 팔을 겨드랑이에 딱 붙이고 턱 밑에서 무릎까지의 범위에서 가장 편하다고 생각하는 곳에 공을 고정시킨다.

푸시 어웨이(위 왼쪽)
다운 스윙(위 오른쪽)
백 스윙(오른쪽)

릴리이스

여러 가지 구질

공이 굴러가는 코스에는 여러 가지가 있다. 초보자들은 대부분 자기 자신이 어떤 공을 던졌는지 모른다. 그러나 그렇게 해서는 좋은 점수를 기대할 수 없다. 자신에게 맞는 구질을 빨리 발견하는 것이 볼링에 능숙해지는 첫째 조건이다. 공에 꽂고 있는 세 개의 손가락을 비틀기만 하면 좋은 코스의 공이 나온다고 생각하는 사람이 있는데 그것은 잘못된 생각이다.

구질의 변화는 공을 잡는 방법, 몸의 방향, 공을 놓는 순간의 손가락의 위치에 따라 다르며 그 종류는 다음과 같다.

스트레이트 볼

핀을 향하여 똑바로 굴러가는 공을 스트레이트 볼이라고 한다. 핀에 부딪히는 힘은 크지 않지만 스윙을 쉽게 할 수 있고 힘을 덜 들이고도 정면으로 돌진하는 강한 공을 구사할 수 있으므로 볼링의 요령을 빨리 익히는 데 적합하다. 초보자들은 스트레이트 볼을 완전히 익히는 것이 볼링을 빨리 배우는 길이다.

릴리이스하는 순간에 엄지의 위치는 핀을 향해 똑바로, 몸의 방향과 같은 곳을 향하고 있어야 한다. 그리고 그 자세를 그대로 플로우 드로우로 옮긴다. 밀어내는 힘으로 공은 레인 위를 미끄러져 나간다. 어느 정도 구르면 레인과의 마찰 때문에 회전력이 붙게 되고 공은 화살같이 핀을 향해 굴러간다.

외형만의 스트레이트, 곧 핀을 향해 똑바로 달리는 공을 던지는 사람은 많다. 그러나 앞에서 설명한 완전한 스트레이트 볼을 던지는 사람은 그리 많지 않다. 공에 회전력이 없이 그냥 굴러가서 핀하고 충돌할 뿐이다. 공이 좋은 코스로 들어가도 공에 회전력이 없으면 핀을 쓰러뜨릴 수가 없다.

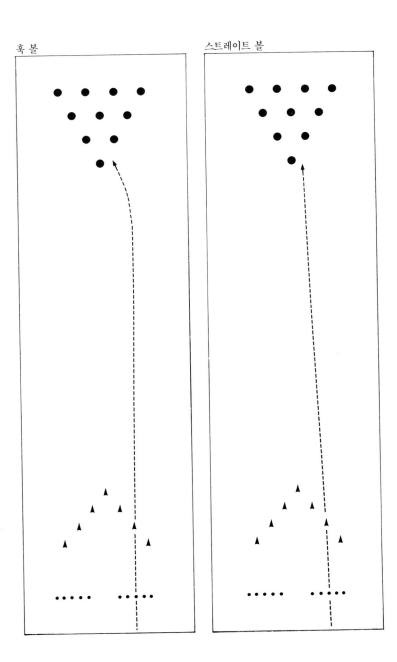

훅 볼

스트레이트 볼

훅 볼

공이 곧장 굴러가다가 핀에 가까와질수록 왼쪽(왼손으로 공을 던졌을 때에는 오른쪽)으로 굽어져서 고리형으로 핀에 파고드는 공이다. 공의 회전력이 강하여 많은 핀을 쓰러뜨릴 수 있으며 스트라이크를 내기가 쉽다. 프로 볼링 선수들은 대부분 이 훅 볼을 던진다.

첫째손가락과 셋째손가락을 연결한 선이 파울 라인과 평행이 되는 상태일 때 릴리이스에 들어가는데 먼저 첫째손가락을 자연스럽게 뺀 다음 나머지 손가락을 약간 거는 듯이 뺀다. 더욱 강한 훅 볼을 던지려면 공이 파울 라인을 넘는 순간에 공의 오른쪽(왼손으로 던질 때에는 공의 왼쪽) 아랫 부분에서 셋째, 넷째손가락으로 공을 집어올리듯이 하면서 팔을 앞쪽으로 뻗어 릴리이스한다. 플로우 드로우는 팔을 바로 펴서 위로 올리는데 손이 얼굴의 오른쪽 앞에 오도록 한다.

커브 볼

훅 볼과 커브 볼은 둘 다 왼쪽으로 구부러지는 공이므로 정확하게 구분할 수 없으나 훅 볼은 인간의 자연스런 움직임에 따라 던지는 것이고, 커브 볼은 작위적으로 던지는 공이라고 할 수 있다. 공의 궤도로 말하면, 훅 볼은 똑바로 굴러가다가 핀 근처에서 꺾여 파고드는 공이고, 커브 볼은 처음부터 회전이 붙어 느리게 구부러져 가는 공이다.

커브 볼은 밀어내는 힘을 줄이고 회전을 많게 해 주는, 다시 말해서 밀기보다는 손가락을 걸어서 당기는 것을 위주로 한 작위적인 공이다. 그것을 던질 때에는 먼저 어프로치에 서는 위치가 중요하다. 오른손잡이라면 중앙에서 왼쪽으로 선다. 공의 궤도의 폭이 넓기 때문에 레인을 넓게 쓰지 않으면 안 된다. 그래서 왼쪽으로 다가선 어드레스를 해야 한다.

어드레스는 핀을 향해 똑바로 서는 것이 아니고 스폿을 향해서

커브 볼

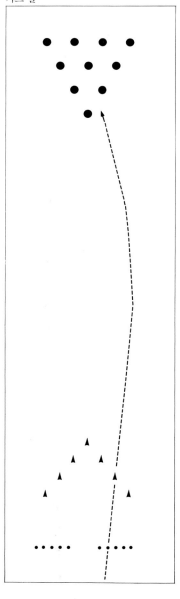

서는 것이다. 백 스윙과 다운 스윙까지는 공을 몸의 중심으로 약간 돌려 감는 듯하는 자세가 좋다. 릴리이스 전부터 의식적으로 엄지를 안쪽으로 집어넣는다. 그리고 그대로 휙하고 빼는 느낌으로 엄지를 빼고 셋째, 넷째손가락으로 힘차게 걸어서 당긴다. 이 때의 느낌은 마치 앞에 있는 무거운 트렁크를 들어올릴 때와 같은 느낌이어야 한다. 너무 밀지 않고 어프로치도 의식적으로 서서히 해서 최후의 릴리이스에서 마음껏 걸어서 당긴다.

손에서 떨어진 공은 오른쪽 홈을 향해 굴러가다가 밖으로 떨어질 듯한 곳에서 서서히 원을 그려 궤도 수정을 하여 핀을 쓰러뜨리게 된다.

볼링의 채점 방식

볼링의 채점 방식은 다른 경기에 견주어 좀 복잡하다. 여기에서는 그 채점 방식과 아울러 높은 점수를 올리기 위한 스페어 처리 방법을 알아본다.

채점 방법
볼링의 한 게임은 열 개의 프레임으로 구성되며, 스트라이크가 나왔을 때를 제외하고는 각 프레임마다 2회까지 투구할 수 있다. 그러나 마지막 프레임에서 스트라이크나 스페어가 나오면 3회까지 투구한다.

핀 한 개를 1점으로 계산하여 한 번의 투구로 열 개의 핀을 모두 넘어뜨리는 스트라이크는 10점을 얻고 다음 프레임의 점수를 보너스로 받으며, 제2구에서 남은 핀을 모두 쓰러뜨리는 스페어는 다음 프레임의 제1구 점수를 보너스로 받는다.

실제 스코어 시트의 표와 함께 예를 들어 설명해 보자.

1		2		3		4		5		6		7		8		9		10		합계
9		8	◣	7	2		◪	9	◤	F	9		◪	G	◤	9			◈	8	150
	9		26		35		55		65		74		94		113		122		150	

1 프레임 제1구에서는 9핀을 쓰러뜨리고 제2구에서는 남은 핀을 하나도 쓰러뜨리지 못해 9점으로 기록된다.

2 프레임 제1구 8점, 제2구는 남은 핀을 모두 쓰러뜨려 스페어를 기록함으로써 다음 프레임의 1구 점수인 7점을 보너스로 받았다. 9+10+7=26점

3 프레임 제1구 7점, 제2구는 남은 3핀 가운데 2핀만 쓰러뜨림으로써 2 프레임의 26점에 9점만을 더해 35점이 된다.

4 프레임 제1구로 10핀을 모두 쓰러뜨린 스트라이크를 쳐서 기본 점수 10점과 함께 다음 프레임의 1구(9점)와 2구(1점)를 보너스로 받아 35+10+9+1=55점이 된다.

5 프레임 제1구 9점, 제2구로 남은 1핀을 처리하여 스페어가 되었으나 다음 프레임의 1구에서 파울이 나서 보너스 없이 55+10=65점이 된다.

6 프레임 제1구 파울, 제2구 9점이어서 65+0+9=74점이 된다.

7 프레임 제1구에 스트라이크를 쳐서 기본 점수 10점과 함께 다음 프레임의 제1구가 거터볼, 제2구가 스페어여서 보너스로 10점을

받아 74+10+0+10=94점이다.

8 프레임 제1구는 레인 옆 홈통(Gutter)에 빠진 거터볼로서 0점, 제2구는 스페어로서 94+0+10+9=113점이다.

9 프레임 제1구 9점, 제2구는 113+9+0=122점이다.

10 프레임 제1구 스트라이크, 제2구 스트라이크, 제3구 8점으로 합계 28점을 9 프레임 점수에 더한다. 그래서 122+10+10+8=150점이 총점이다. 이 때 만약 2구에서 스트라이크나 스페어 처리를 못했을 경우에는 2구로서 끝나고 3구는 던질 수 없다.
마지막 10 프레임에서는 가산 점수 없이 그대로 나온 점수만으로 채점을 한다.

스페어 처리 방법

제1구에 스트라이크가 나오지 않아 몇 개의 핀이 남았을 때 제2구로 그것을 모두 넘어뜨리는 것을 스페어 처리라 한다.
스트라이크는 볼링을 처음 하는 사람도 할 수 있으나 스페어는 아무나 쉽게 처리할 수 없다. 다시 말해 스트라이크는 행운이 가능하지만 스페어는 실력이 없으면 할 수가 없다.
초보자가 맨 처음 부딪치는 장벽이 이 스페어 문제이다. 스페어를 정복하지 못하면 언제까지고 좋은 점수를 올릴 수 없다. 스페어를 정복하면 일시적인 스트라이크가 연속된다. 스트라이크를 한 번도 내지 못했을지라도 한 게임에서 제1구로 아홉 개 핀을, 다음 2구로 남은 한 개 핀을 마저 넘어뜨려 스페어 처리를 해내면 190점을 얻을 수도 있다. 스페어를 처리하는 법은 기본적으로 5번 핀을 중심으로 하는 중앙 그룹, 7번 핀을 중심으로 하는 왼쪽 그룹, 10번 핀을 중심으로 하는 오른쪽 그룹의 세 가지로 크게 나눌 수 있다. 가장 남기 쉬운 것이 10번 핀이며 다음이 5번 핀, 7번 핀이어서 실제 스페어를 처리할 때 이 세 개의 핀이 기본이 된다.

스페어를 처리할 때 주의할 점은 첫째 늘 일정한 구질과 몸을 취하고, 둘째 목표로 하는 핀에 정면으로 향하며, 셋째 남은 핀의 위치를 잘 살펴보아 적당한 스폿을 택한다.

5번 핀 스페어 이 핀은 포켓 코스로 얇게 들어갔을 때 남는 경우가 많다. 열 개의 핀 가운데 한복판에 위치하고 있는데 이것을 쓰러뜨리려면 보통 제1구 때보다 약간 오른쪽으로 스탠스를 이동한다.

5번 핀은 1번 핀 바로 뒤에 있는 핀으로 포켓에 얇게 들어갔을 때 남는 핀이므로 보통 때의 제1투보다 다소 두껍게 들어가도록 하면 좋다. 공은 스폿의 2,3번 사이를 통해 보통 때처럼 던진다.

이 5번 핀을 잡지 못하면 스트라이크도 나오기 어렵다. 이 5번 핀 스페어는 상당히 중요하다. 5번 핀을 기준으로 자기 구질에 따라 스탠스의 각도를 바꾸면 같은 줄에 서 있는 4,6번 핀도 잡을 수 있다. 그리고 이 4,5,6번 핀을 확실하게 잡으면 맨 마지막 줄에 있는 7,8,9,10번 핀도 쉽게 쓰러뜨릴 수 있을 것이다.

7번 핀 스페어 7번 핀을 잡을 때에는 어프로치의 오른쪽에 서는 것이 좋다.

7번 핀은 4번 핀과 같은 선상에 있으므로 이 스페어를 잡는 것은 2,4,7번 핀 전부에 응용될 수 있다. 오른쪽에 서서, 핀과 정면으로 향해 3번 스폿으로 공을 통과시킨다. 이것이 왼쪽에 남은 핀을 잡는 기본 방법이다.

스페어를 잡는 요령은 어드레스가 정해지면 핀을 보지 말아야 한다는 것이다. 핀을 노리고 있으면 잡을 수 있는 스페어도 잡지 못하

5번 핀 스페어   7번 핀 스페어

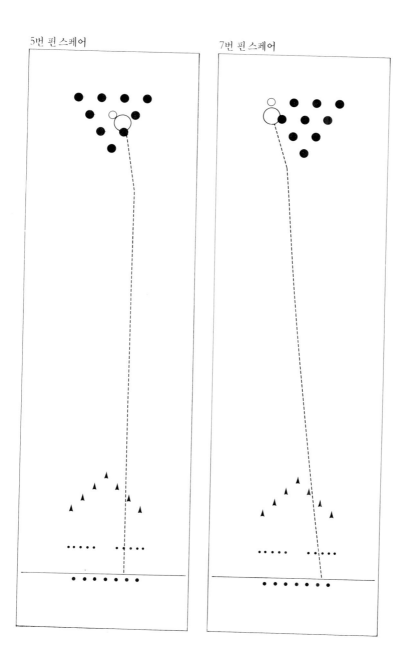

게 되므로 주의해야 한다.

10번 핀 스페어 10번 핀은 왼쪽에서 7번 핀을 처리할 때와 같은 크로스 앨리로 겨냥하지만, 이 위치는 오른팔로 던지는 볼러들에게 무척 어렵게 느껴져 많은 사람들이 골칫거리로 생각한다.

스트라이크 볼을 겨냥할 때의 스탠스 위치에서 훅 볼로 공을 던지면 거의 왼쪽 홈에 떨어진다. 그러므로 가능한 한 왼쪽에 서서 앨리베드를 넓게 사용하도록 한다. 곧 10번 핀이 앨리베드 중앙에 있다고 가정하고 선을 그린다. 이 중심선을 어프로치 위까지 연장시킨 다음 그 선 위에서 스탠스하여 10번 핀을 향하면 마치 1번 핀을 겨냥하는 것과 같다. 여기에서 스트라이크를 겨냥하는 기분으로 공을 던지면 홈에 떨어지지 않게 된다.

2, 4, 5번 핀 스페어 스페어를 잡는 법에서 4,5,6번 핀을 기본으로 한 작전을 알게 되면 나머지도 쉽게 알 수 있다. 4번 핀은 7,8에 통하고 5번 핀은 8,9로 통하고, 6번 핀은 9,10으로 통한다.

2,4,5번 핀이 남아 있을 때 5번 핀이 중심 대상이므로 그것에서 약간 왼쪽을 노리면 좋다. 또는 4번 핀의 오른쪽을 노리면 좋다. 이 스페어는 빗나간 포켓이라 생각하는 것이 안전하다. 곧 1,3의 포켓이 2,5로 이동했다는 것이다. 세 개의 핀에 전부 공을 맞추는 것이 아니고 2,5번 핀 사이를 노리고 4번 핀은 공이 아니라 핀으로 쓰러뜨리는 것이다.

1, 2, 4번 핀 스페어 말뚝같이 한 줄로 서 있다고 해서 '비켓트 펜스'라고도 한다. 볼링에서는 세 개, 혹은 이와 이어져 있는 1,2,4,7의 네 개를 한 번에 쓰러뜨리지 않으면 안 된다. 상당히 어려운 스페어로 프로 선수라도 헤드 핀을 놓쳐 버리는 수가 있다.

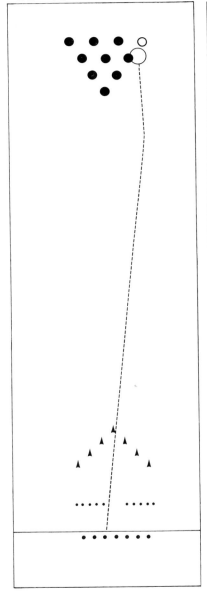

10번 핀 스페어

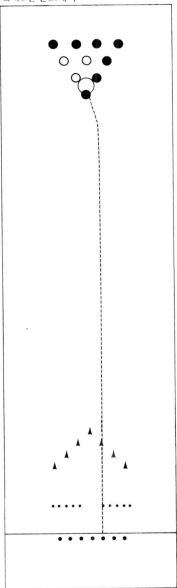

2, 4, 5번 핀 스페어

먼저 중앙에서 스폿을 오른쪽으로 이동시킨다. 그곳에 서서 1,2 핀 사이를 향해 각도를 정한다. 스텝은 거의 똑바로 하는데 5보째의 왼발은 반드시 중앙을 향하며 따라서 아주 약간 오른쪽에서 왼쪽으로 걷는 것이다. 공을 통과시키는 것은 2,3번 스폿 사이이다. 공은 1,2 사이로 들어가서, 강할 때에는 2번 핀이 4번 핀을 튕겨 버린다. 공이 약할 때에는 세 개의 핀을 쓰다듬듯 하며 공이 구른다.

3, 10번 핀 스플리트 스플리트(Split)란 제1구로 헤드핀은 쓰러뜨렸으나 다른 두 개 이상의 핀이 여기저기 떨어져서 남는 상태를 말한다. 이것은 고도의 기술이 요구되니 겨냥을 해서 잡게 되면 스트라이크 때보다 더 큰 쾌감을 느낄 것이다. 거의 대부분 앞에 있는 핀의 3분의 1정도로 넣는다거나, 또는 아주 조금 곧 5 밀리미터나 3 밀리미터쯤 이동시키거나 하여 약간 미묘한 것이다. 따라서 미스할 각오로 덤비지 않으면 안 된다. 3,10번 핀을 보통 베이비 스플리트라고 한다.

핀과 핀의 간격은 그리 멀지 않으므로 앞에 있는 3번 핀의 오른쪽 3분의 1쯤에 공을 맞추면 그 반동으로 공이 오른쪽으로 궤도를 바꾸어 10번 핀을 정통으로 치게 된다. 이 3,10번 핀을 잡을 때에는 10번 핀 하나를 잡을 때와 같은 장소나 그보다 더 왼쪽으로 서서 시작한다. 스텝은 다소 오른쪽을 향해 똑바로 파울 라인을 향해 간다. 그리고 5보째에는 레인 왼쪽에 발끝이 머물도록 한다. 공을 보내는 스폿은 왼쪽에서 세번째 스폿이다. 10번 핀을 잡을 때보다 훨씬 왼쪽을 통과시키는 셈이 된다. 공은 크로스 어레이에서 똑바로 나아가서 3번 핀을 쓰러뜨리고, 10번 핀을 향해 돌진하게 된다.

5, 7번 핀 스플리트 5,7번 핀 근처의 스플리트를 잡으면 스트라이크보다 더 쾌감을 느낄 것이다. 볼링의 진짜 맛은 바로 이런 점

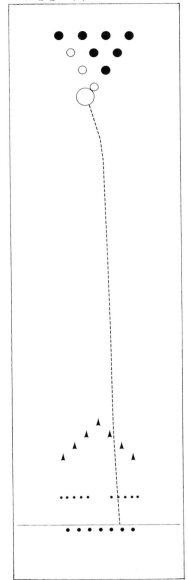

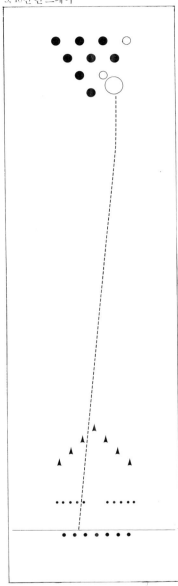

5, 7번 스플리트

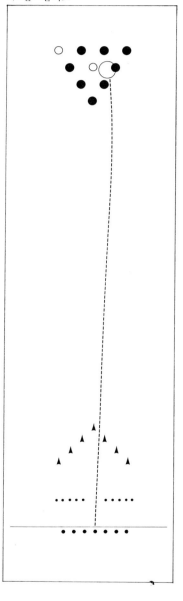

에 있다. 이 스플리트는 힘이 없는 공이 포켓에 들어갔을 때 많이 남는 형이다. 이것을 처리할 때에는 9번 핀을 머리에 그리면서 던지는 것이 효과적이다.

어프로치의 오른쪽에서 겨냥하여 공이 5번 핀 오른쪽을 가볍게 쳐 5번 핀이 7번 핀을 넘어뜨리게 한다. 스플리트가 나왔을 때에는 어째서 스플리트가 생겼는지 그 원인을 추구해서 다음에 던질 때에는 스플리트가 생기지 않도록 연구하는 것이 좋다. 두 개의 서로 떨어진 스플리트일 때에는 '확실하게 하나를 잡는다'는 것이 볼링 게임의 철칙이다.

볼링 용어 해설

거터(gutter) : 레인의 양쪽에 있는 홈통.

거터 보울(gutter bowl) : 투구한 공이 핀에 맞기 전에 양쪽에 있는 홈으로 떨어져 굴러가는 것.

골든 게이트(golden gate) : 4, 6, 7, 10 핀 스플리트를 말한다.

그라스호퍼(grasshopper) : 파괴력이 뛰어난 공을 말한다.

그랩(grab) : 핀 앞에서 안쪽으로 날카롭게 휘어들어가는 훅 볼.

노즈 히트(nose hit) : 1번 핀을 정면으로 맞히는 것.

다임 스토어(dime store) : 5, 10 핀 스플리트.

더블(double) : 두 번 계속해서 스트라이크가 나오는 것.

더블 우드(double wood) : 핀이 두 개가 남았을 때 핀 한 개가 다른 핀 바로 뒤에 있어 잘 보이지 않는 것.

더블 피너클(double pinnacle) : 4, 6, 7, 10 핀 스플리트.

더치맨(dutchman) : 스트라이크와 스페어가 계속 나와 꼭 200점이 되는 게임. 샌드위치 게임이라고도 한다.

데드 보울(dead bowl) : 투구를 했으나 무효가 되어 쓰러진 핀이 득점으로 계산되지 않는 공.

도도(dodo) : 규격을 무시하고 규격보다 무겁게 만든 공.

디비전 보드(division board) : 단풍나무를 재료로 하여 만든 부분이 이어져 있는 앨리베드 중앙을 말한다.

딘 히트(thin hit) : 1번 핀 끝에 닿을 정도로 스쳐 맞히는 것.

러닝 앨리(running alley) : 훅 볼을 만들기가 좋은 레인.

런 어웨이(run away) : 어프로치의 다른 이름.

레인(lane) : 공이 굴러가는 바닥.

로프트 보울 (loft bowl) : 파울 라인 바로 앞쪽에 떨어뜨리는 볼.

로프팅(lofting) : 파울 라인을 넘고 나서야 공이 떨어져 나가는 것.

리버스(reverse) : 두드러지게 오른쪽으로 굽어지는 구질.

리프트(lift) : 공을 손에서 놓는 순간에 손으로 구멍을 걸어 올리듯이 처리하는 것.

마크(mark) : 스트라이크 또는 스페어를 처리했을 때를 말한다.

백 업(back up) : 오른팔로 던지는 사람의 공이 왼쪽을 향해 활 모양을 그리며 가다가 오른쪽으로 휘어들어가는 것.

베드(bed) : 볼이 굴러가는 바닥으로 앨리라고도 한다.

보크(balk) : 투구하기 전에 파울 라인을 밟는 것.

브루클린(brooklyn) : 오른팔로 던지는 경우에는 1번 핀과 2번 핀 사이를 명중시키는 볼을 말하고, 왼팔로 던지는 경우는 1번 핀과 3번 핀 사이를 말한다.

브리지(bridge) : 셋째, 넷째손가락 구멍의 간격.

세트 업(set up) : 열 개의 핀을 정해진 위치에 정확히 세워 놓는 것.

소프트 앨리(soft alley) : 스트라이크가 나오기 쉬운 레인.

스노우 플라우(snow plow) : 스트라이크를 내기 위해서 탄력성있게 휘는 훅 볼.

스몰 보울(small bowl) : 포켓에 정확히 들어가 스트라이크를 내는 공.

스위퍼(sweeper) : 핀을 옆으로 쓸어 버리듯이 넘어뜨리는 공.

스트라이크(strike) : 제1구로 핀 열 개를 모두 넘어뜨리는 것.

스트라이킹 아우트(striking out) : 게임의 마지막을 스트라이크로 마무리하는 것.

스티프 앨리(stiff alley) : 딱딱해서 공이 빨리 굴러가는 레인.

스판(span) : 엄지손가락과 다른 손가락과의 간격.

스폿(spot) : 투구할 때에 눈 표시로 하기 위해 레인 위에 붙인 표시.

스필러(spiller) : 1번 핀에 맞아 다른 핀이 천천히 무너지는 느린 모습의 스트라이크.

슬롯 앨리(slot alley) : 홈이 같은 볼링 레인.

아웃사이드(outside) : 구석이나 약간 구석쪽으로 치우쳐 투구하는 것.

앨리베드(alley bed) : 공이 굴러가는 바닥.

어프로치(approach) : 공을 던지기 위해서 볼러가 스텝하는 장소.

저지 사이드(jersey side) : 왼쪽의 1번 핀을 맞히는 것.

커터(cutter) : 공이 핀을 날카롭게 때려 베어 버리듯이 쓰러뜨리는 강한 공.

크리퍼(creeper) : 느린 공.

킹 핀(king pin) : 1번 핀과 5번 핀을 가리킴.

탭(tap) : 공이 포켓에 완전히 들어갔는데 핀이 하나 남아 버린 경우.

트리플(triple) : 세 번 연속 스트라이크가 나오는 것.

파운데이션(foundation) : 9 프레임에서 스트라이크가 나오는 것.

파울 라인(foul line) : 어프로치와 앨리베드의 경계를 표시하는 선.

파워하우스(powerhouse) : 스트라이크를 내기 위한 강한 공으로 열 개의 핀을 피트 속에 넣어 버리는 스트라이크.

포켓(pocket) : 스트라이크를 내려고 볼러가 겨냥하는 곳. 1,3번 핀 사이. (왼팔로 던지는 사람은 1,2번 핀 사이)

프레임(frame) : 공 하나를 던지는 회수 혹은 스코어 시트의 한 칸.

플랫 앨리(flat alley) : 마찰이 심해 공 회전이 늦는 레인.

핏치(pitch) : 손가락 구멍의 각도.

하이 히트(high hit) : 중심의 핀을 아주 강하게 넘어뜨리는 것.

후크 앨리(hook alley) : 훅 볼이 쉽게 되는 레인.

홀딩 앨리(holding alley) : 공이 잘 휘지 않아 훅 볼을 만들기 어려운 레인.

핸디캡(handicap) : 실력 차이가 클 때 잘하는 사람이 안는 부담. 게임이 시작될 때 못하는 사람의 점수에 몇 개의 핀 수를 미리 더해 준다.

볼링 과학

어떤 스포츠 분야이거나 더 좋은 경기를 위해서 과학이 활용되기 마련이다.

드릴과 핏치
볼링 공을 과학적으로 분석하기 위해 특수한 비중 액체에 공을 넣어 보자.

공이 뜨는 부분은 공을 만든 회사의 상표가 있는 곳의 정반대쪽에 해당한다. 그것은 상표 근처가 가장 무겁고, 공의 속이 균질이 아님을 나타내는 것이다. 이 가장 무거운 부분을 톱 웨이트라고 한다. 이 부분이 무거운 이유는 드릴을 할 경우에 그 구멍 부분 만큼 공이 파이므로 균형이 잡히지 않기 때문이다.

다음에는 공을 상표 둘로 똑같이 쪼개 본다. 지름은 21.5 센티미터, 원둘레는 68.577 센티미터, 외곽은 에보나이트나 플라스틱 그리고 중핵은 콜크와 합성재를 압축한 듯한 것이 쓰이고 있다. 이런 공에 손가락 구멍 세 개를 뚫어서 던지는 것이 볼링이다.

그 세 개의 구멍을 어디에다 뚫는 것이 가장 좋은가 하는 것은 톱웨이트를 중심으로 하여 결정된다. 스판을 넓히거나 셋째, 넷째손가락의 두 구멍을 톱 웨이트 선상에서 조금 벗어나게 함으로써 공의 질이 달라진다.

또 하나 드릴을 하는 각도에 대해 생각해 보자. 드릴의 각도를 핏치라고 하는데 거기에는 네 가지 종류가 있다. 이 핏치에 따라 공의 질이 달라진다.

컨벤셔널 핏치 공의 중심선에 대해 각도가 없는 제로 핏치이다. 표준형이기는 하나 훅에는 적당하지 않다.

풀 웨스턴 손가락 구멍이 손바닥에 가깝고 예각적으로 만든 것이다. 걸어서 당기기 쉽고 회전이 생긴다. 포워드 핏치라고도 한다.

리버스 핏치 현저하게 오른쪽으로 굽어 버리는 구질이며 손가락이 빠지기 쉬운 것이 이점이다.

사이드 핏치 손가락 구멍을 좌우 어느 한쪽으로 기울여 빠지기 쉽게 하기 위한 것이나 자기에게 맞는 핏치를 좀처럼 발견하기 어렵다.

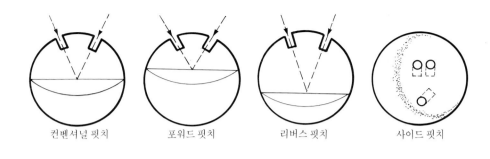

컨벤셔널 핏치　　　포워드 핏치　　　리버스 핏치　　　사이드 핏치

타이밍

진자 운동을 부드럽게 이행시키려면 부드러운 스텝을 하지 않으면 안 된다. 스윙과 스텝은 뗄래야 뗄 수 없는 사이이고 이것을 완전히 일치시키는 것이 볼링을 가장 잘 하는 비결이다. 이것을 볼링 용어로 타이밍이라고 부르고 있다. 그런데 그 타이밍은 팔의 움직임을 공의 무게에 맡긴 자연스런 진자 운동에서 비롯되며 스윙의 속도는 어떤 경우라도 그리 차이가 없다. 다리의 움직임도 거기에 맞는 것이라야 한다.

먼저 타이밍을 팔의 움직임에 맞추어서 분석해 보면 다음과 같다.

제1 포인트는 겨냥한 대로 있는 공을 앞으로 밀어내는 푸시 어웨이, 제2 포인트는 다운 스윙, 제3 포인트는 백 스윙, 제4 포인트는 릴리이스이다.

다리를 이 네 개의 포인트에 맞추려면 4스텝을 갖고 하는 것이 가장 쉽다고 볼 수 있다. 그러나 그것은 사람에 따라 다르다.

로우링

공이 회전하는 것을 로우링이라고 한다. 로우링의 종류에는 크게 나누어서 세 가지가 있다. 풀 로우링, 세미 로우링 그리고 스핀너라고 불리는 것이다.

풀 로우링은 69 센티미터에 이르는 공의 둘레를 충분하게 이용한 회전이다. 5 미터쯤 미끄러져 회전이 시작되는데 던진 공의 자국을 보면 엄지 구멍과 두 개의 손가락 구멍 사이를 지나는 곳에 머리띠 모양의 오일 자국이 보일 것이다. 이 풀 로우링은 스트레이트 볼에서 많이 볼 수 있는 회전 방법으로, 조절하기는 쉬우나 효과적인 핀 액션을 일으키는 힘이 없는 것이 흠이다. 그러나 미국의 유명한 프로 선수인 버드 파디오는 스트레이트 볼 풀 로우링으로 만점을 여러 번 기록했다.

세미 로우링은 세 단계로 나눌 수 있다. 처음 5 미터는 슬립프, 다음 7 미터는 직진 곧 풀 로우링이다. 그리고 최후의 6 미터 근처에서 추진력을 잃고 전진력이 떨어져 릴리이스했을 때의 스핀을 건 리프팅의 물리적 운동이 이 근처에서 효과를 나타내, 공의 중심축이 일어서 좌경사 회전이 되어 작은 원이 강한 궤도 회전을 일으키게 되는데 이것이 세미 로우링이다.

세미 핑거 그립에 의한 훅 볼의 가장 독특한 회전으로, 위력과 조정력이 잘 섞여 있으므로 대개의 프로 선수는 이 회전을 하는 공을 던진다.

스피너는 말 그대로 강력한 스핀을 걸어서 회전력을 증가시켰을 때의 회전이다. 내츄럴 훅일 때와 같이 엄지가 빠진 다음 나머지 두 개의 손가락으로 공을 걸어서 당기는 것인데, 이 순간의 엄지의 위치를 더욱 안쪽으로 돌리는 것이다. 이 공의 회전축은 더욱 종으로 되고 공과 레인이 접하는 부분은 세미 로우링보다 더 적게 된다. 이것은 회전수가 많아지므로 핀의 파괴력이 아주 우수하다. 그러나 스피너를 던지려면 손가락으로 걸어서 당겨야 하며 또 오른쪽 팔을 안쪽으로 날카롭게 돌리지 않으면 안 되기 때문에 상당한 힘이 필요하다.

에너지

볼링과 에너지 피로도의 조사는 1943년 1월에 A 볼링센터에서 실험한 것이다. 그것은 프로 선수, 볼링 교사와 네 명의 무경험자를 선택해서 다섯 게임 분량인 백 개의 공을 계속해서 던지게 해서 몸에 어떤 변화가 나타나는가를 조사한 것이다. 그 조사 방법은 더글러스 주머니라고 하는 커다란 주머니를 등에 지고, 볼러가 내뿜는 숨을 주머니 속에 모아 그것을 가스계량기로 계산하여 동시에 산소와 탄산가스의 양을 재는 것이다. 이것을 에너지 소비량으로 나타낼 때에 에너지 대사율(RMR)이라는 어려운 수치를 사용하나, 결론부터 말하면 볼링 100구에 사용되는 대사율은 2.5에서 4.8RMR이라고 한다. 그것은 대체로 침구 펴기, 뜰 손질, 걷기, 공 던지기, 골프 경기 때의 두 배쯤이 되는 양이고, 축구의 절반쯤, 럭비의 3분의 1, 마라톤의 5분의 1과 같은 에너지 소비량이라고 한다.

피로도의 측정에서는 프로 선수가 비교적 안정되어 있는데 견주어 비경험자는 후반이 되면 정신적 동요가 나타나는 것으로 드러났다. 오줌 검사에서는 프로 선수보다 비경험자가 긴장하는 것으로 나타났다.

이 조사 결과에서 얻은 결론은 볼링은 그다지 피로하게 만들거나 긴장되게 하는 운동이 아니고, 건강한 스포츠라는 것이다.

진자 운동

처음으로 공을 드는 사람은 '이렇게 무거운 것을 던지다니 힘들겠는데'하고 생각할 것이다. 사실 공을 손에 들고 그것을 움직이지 않고 손만으로 던지려고 하면 게임을 하고 나서 녹초가 되고 말 것이다. 그러나 공은 팔로 던지는 것이 아니다. 어깨를 움직이지 말고 공을 들고 흔들어 보라. 아주 가볍게 느껴질 것이다. 볼링은 진자 운동의 응용이지 포환던지기가 아니다. 진자 운동을 볼링에 견주어 보면

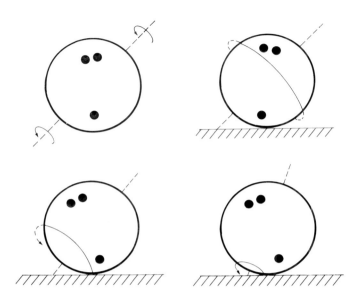

공은 추가 되고, 들고 있는 팔의 밑동은 지점이 된다. 쓸데없는 힘을 가하지 말고 공을 들고 가슴 앞에서 몸의 전방으로 밀어낼 때부터 진자 운동은 개시된다. 푸시 어웨이된 공은 반동으로 되돌아온다. 이 번에는 그 힘을 이용해서 뒤로 크게 끌어당긴다. 물론 이 때에도 힘은 불필요하다. 그대로 맡겨 두면 공은 똑바로 뒤로 흔들려 간다. 이것이 백 스윙이다. 이것이 이번에는 역시 반동으로 돌아온다. 이것이 포워드 스윙 그리고 공이 몸 중심 바로 아래에 왔을 때 릴리이스가 시작되어 공은 손에서 떨어져 레인 위로 구르게 되는 것이다.

우수 볼링 선수

피트 웨버(Pete Weber) ABC '명예의 전당'에 추대된 딕 웨

버의 아들이며 현재는 아버지의 명성에 필적할 만큼 부와 명성을 누리고 있다. 열다섯 살 때부터 성인들과 실력을 겨룰 만큼 일찌감치 볼링을 마스터한 그는 현재 미국을 대표하는 젊은 프론티어의 기수로 꼽히고 있다. 1987년에는 상금 수입 17만5000 달러를 기록하며 최고 수입의 볼러가 되었다. 그는 약관의 나이에도 불구하고 공인 300 게임 기록이 11 번이나 된다.

마샬 홀먼(Marshall Holman) 홀먼은 프로 선수 가운데에서 핀 앞에서의 제스츄어가 많은 선수이다. 특히 큰 게임일수록 발을 구른다거나 점프를 한다거나 하는 제스츄어로 게임에 재미를 더해 준다. 홀먼은 1974년 스무 살의 나이로 프로에 데뷔한 후 그 이듬해인 1975년에 첫번째 타이틀을 획득하여 1988년 동계투어까지 21 개의 타이틀을 획득하는 경이적인 기록을 달성했다. 특히 80년대에 들어서는 더욱 활약이 두드러지고 있다.

마크 로스(Mark Roth) 마크 로스는 생애 통산 상금 수입에서 얼 안소니가 세운 기록을 앞지르고 유일하게 130만 달러를 넘어선 프로로 기록되었다. 프로투어에서 가장 돈을 많이 번 선수가 된 것이다. 그는 1972년에 프로로 데뷔하여 1975년에 첫 타이틀을 획득하였는데 텔레비전을 통해 중계된 이 때 결승 게임에서 299점을 기록하기도 하였다. 로스가 그간 따낸 타이틀은 모두 34 개에 이른다.

스티브 쿡(Steve L. Cook) 쿡은 1970년대 말 프로에 입문했고 1986년에 가장 큰 활약을 보여 그 해에는 10만 달러가 넘는 상금을 벌어들였다. 그는 PBA에서 가장 키가 큰 볼러이며 프로가 되기 전에는 그의 무대였던 캘리포니아에서 화려한 기록을 세우던 선수였다.

어니 슐러겔(Ernie Schlegel)   슐러겔은 투어에 참가할 때마다 언예인처럼 화려한 무대 의상을 입고 레인에 올라 게임을 하는 개성이 강한 프로로 알려져 있다. 그의 최고 황금시즌은 1980년이라고 할 수 있는데 두 개의 타이틀에서 5만6000 달러를 획득했다. 현재 그는 PBA의 회장직을 맡고 있어서 프로 선수보다는 미국 프로를 대표하는 공적인 스케쥴로 더 많은 시간을 보내고 있다.

월터 레이 윌리암스 2세(Walter Ray Williams Jr.)   윌리암스는 프로 선수 가운데 유일하게 두 가지 스포츠 종목의 챔피언을 차지한 명예를 갖고 있다. 그는 PBA타이틀 다섯 개를 석권함과 동시에 말굽쇠던지기 세계 챔피언을 네 번이나 따낸 기록을 가지고 있다. 1986년에는 세 개의 볼링 대회에서 타이틀을 따냈다.

볼링을 위한 스트레칭

'스트레치'(strech)란 '편다', '잡아당긴다'는 뜻으로 사람의 몸을 이루는 근육이나 건(健)을 의식적으로 펴 주고 그 상태를 유지시키기 위해 고안된 체조이다.

스트레치 체조는 스무 해쯤 전에 미국의 스포츠 의학자가 운동을 하기 전의 준비 체조로 개발하였다. 스트레치 체조는 '몸의 유연성을 높이고 부상을 예방하는 것'을 목적으로 하고 있기 때문에 준비 운동에 가장 알맞다. 또 격심한 운동 후의 근육 피로(근육의 수축 활동)를 스트레치함으로써 순환을 좋게 하고 근육에 탄성을 주어서 피로 회복과 혈액을 촉진시키는 효과도 있으므로 정리 운동으로써도 유효하다. 볼링을 하기 전에 스트레치로 몸의 근육을 신장시키면 더 즐겁게 볼링을 즐길 수 있을 것이다.

스트레칭을 할 때의 주의점

첫째, 아픈 것을 참거나 무리하지 않는다. 둘째, 자기 몸의 유연성에 맞추어 천천히 한다. 세째, 몸을 굽힐 때 탄력이나 반동을 주지 않는다. 네째, 자연스러운 호흡법으로 한다. 이야기를 나누며 편한 마음으로 한다. 다섯째, 웃는 얼굴로 10초에서 30초쯤 계속한다.

혼자서 하는 스트레칭

어깨와 팔의 스트레치　어깨 바깥쪽의 근육과 관절, 팔의 근육을 펴는 스트레칭이다. 손바닥이 바깥쪽을 향하도록 하고 손을 깍지 낀 다음 팔꿈치를 구부리지 않고 양팔을 될 수 있는 대로 반듯하게 편다. 운동하는 시간은 15초쯤이다.

어깨의 스트레치　어깨의 근육과 관절을 전체로 펴주는 엘보우 풀 스트레치이다. 될 수 있는 대로 머리가 앞으로 숙여지지 않게 가슴을 앞으로 쑥 내밀고 등은 반듯하게 편다. 팔꿈치를 뒤로 뺄 때에는 조금 힘을 주면 효과가 있다.

옆구리의 스트레치　옆구리를 중심으로 몸의 측면을 펴주는 스트레치이다. 몸을 옆으로 굽힐 때 상체가 앞뒤로 기울지 않도록 주의한다.

허리와 팔의 스트레치　허리 둘레의 근육과 팔 바깥쪽의 근육을 동시에 펴주는 스트레치이다. 팔꿈치는 바닥에 붙인 채 상체만을 돌리도록 한다. 두 팔을 가볍게 펴고 회전 방향으로 잡아끌듯이 돌린다.

허리와 어깨의 스트레치　허리와 어깨의 관절을 펴주기 위한 트라이앵글 트위스트(triangle twist) 스트레치이다. 허리에서 다리까지의 선을 아름답게 가꾸는 데 효과가 있다. 무릎을 구부리지 않도록 주의하고 등도 반듯이 세운다. 얼굴은 위를 향하도록 한다. 가슴과 넓적다리의 근육을 펴주는 데에도 효과가 있다.

다리 관절을 부드럽게 하는 스트레치 다리 관절을 부드럽게 하는 스트레치이다. 조금 강하게 하면 넓적다리의 근육을 펴주는 데에도 효과가 있다. 양발을 될 수 있는 대로 넓게 벌리고 앞으로 내민 발의 무릎의 각도는 90도 이하가 되지 않도록 양쪽의 발끝을 앞으로 반듯하게 놓는다.

종아리의 스트레치 종아리를 펴주기 위한 카프 스트레치이다. 뒷발의 무릎을 구부리지 않도록 하고 발꿈치는 바닥에서 떼지 않는다. 앞발의 무릎은 깊이 구부린다.

어깨와 팔의 스트레치 (위)
어깨와 허리의 스트레치 (아래)

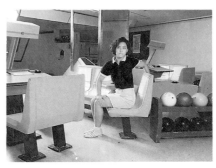

허리와 등의 스트레치 (위)
어깨의 스트레치 (아래)

 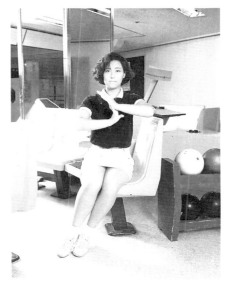

둘이서 하는 스트레칭

뒤돌아 서서 얼굴을 맞대고 한다. 몸의 사이드와 허리 둘레의 근육을 펴준다. 등을 반듯하게 세워 옆으로 돌린다. 뒤돌아 볼 때에는 같은쪽 뿐아니라 서로 반대쪽을 향해도 된다.

손을 받쳐서 몸을 앞으로 굽힌다 다리 뒤쪽과 등의 근육을 펴준다. 손을 잡은 다음 서로가 균등하게 잡아당긴다.

마주 본 채로 가슴을 내민다 어깨를 부드럽게 하고 가슴부터 배까지의 근육을 펴준다. 서로 손바닥을 마주대고 가슴을 내밀어 허리를 빼는 기분으로 한다.

업어서 배를 펴준다. 배에서 가슴까지의 근육을 펴준다. 상체를 젖혔을 때 발끝을 바닥에서 떼지 않는다. 팔꿈치를 구부리지 않도록 주의한다.

마무리 심호흡 스트레치의 마지막은 호흡을 정리하는 브리즈 스트레치이다. 2,3회 반복하면 좋다.

빛깔있는 책들 204-2

볼링

글	─허일웅
사진	─주종설

회장	─차민도
발행인	─장세우
발행처	─주식회사 대원사
편집처	─김형윤편집회사

편집	─오현주, 이재운, 박노언, 　김인숙
미술	─김숙경, 유정숙, 이숙영

첫판 1쇄 ─1989년 5월 15일 발행
첫판 5쇄 ─1999년 2월 27일 발행

주식회사 대원사
우편번호/140-190
서울 용산구 후암동 358-17
전화번호/(02) 757-6717~9
팩시밀리/(02) 775-8043
등록번호/제 3-191호

⑭ 값 13,000원

© Daewonsa Publishing Co., Ltd.
Printed in Korea(1989)

ISBN 89-369-0087-0 00690